Entrena tu mente para
VENDER

Entrena tu mente para
VENDER

Con el Coaching Motivacional él éxito nunca fue tan fácil!

Daniela Fiori Lehr

**Sales
Talent
Readers**

FORMACIÓN & COACHING
WWW.SALESTALENTACADEMY-WEB.COM

1era edición marzo 2020 by Daniela Fiori Lehr
ISBN: B0863V35SW
Editado por Sales Talent Readers
www.salestalentacademyweb.com
info@salestalentacademyweb.com

El papel utilizado para la impresión de este libro es cien por cien libre de cloro y está calificado como papel ecológico.

*Para Luca, Stefano y Alejandro que hacen que
mis días tengan sentido*

ÍNDICE

Presentación

Nací en Buenos Aires, Argentina, soy hija y nieta de inmigrantes italianos y alemanes que llevaron toda su vida el comercio en la sangre.

Estudie Ciencias Empresariales, soy Coach Ontológica, Coach Motivacional, Retail & Sales Coach, Coach de Equipos de Alto rendimiento, PNL & Mindfulness Master Practitioner, y lo más importante para mí y por sobre todas las cosas: trabajo en ventas y Retail de toda la vida, lo cual me da cierta experiencia y suficientes conocimientos para saber cuáles son los problemas a los que te enfrentas cada día, y como deberemos abordarlos.

El mundo de las ventas esta cambiado, y seguirá cambiando, estamos ante una época de incertidumbre comercial, la competencia, la digitalización, la innovación y un cliente cada vez más infiel nos empujan a tener que actualizarnos, reinventarnos, buscar nuevas opciones y tratar de mejorar cada día.

Antes de dar el salto al Retail, trabaje en el sector bancario, dentro de las entrañas financieras, como responsable de los equipos de ventas de seguros, productos y servicios de uno de los bancos más importantes de Francia, pero luego los idiomas me dieron la posibilidad de viajar, y nuevas marcas deseosas de expansión me llevaron por el mundo en increíbles planes de aperturas, trabaje llevando LATAM y luego Península ibérica. Viví en muchas ciudades, descubrí todo tipo de empresas y luego de 20 años sigo en el sector.

Las ventas y sus profesionales son mi pasión, durante años me he dedicado a formarme para ayudar a los demás a ser mejores profesionales de las ventas, un sector tan particular, a veces tan ingrato, pero solo su adrenalina y este momento de gran cambio, merecen el esfuerzo.

La finalidad de este libro es enseñar y explicar cómo entrenar tu mente para el éxito profesional, y de esta forma lograr los objetivos de ventas que nos hemos propuesto, sin importar las adversidades, la incertidumbre del mercado, el nuevo consumidor. Tu estarás listo para vender, porque tu mente estará preparada para ello.

Espero que este libro te sea de ayuda.

Introducción

La venta es un trabajo duro que exige un gran esfuerzo emocional y mental.

A estas alturas, ya sabemos que para cerrar una venta un vendedor debe hacer 100 llamadas a potenciales clientes, se estima que solo 30 escucharán, y 10 como mucho lo recibirán, de los cuales solo 1 comprará.

En el caso de los vendedores de tiendas, o puntos de ventas, donde principalmente es el cliente el que entra buscando un producto por necesidad o curiosidad, no pensemos que las cosas son mucho más fáciles, es otro tipo de venta, claro está, pero ambos tipos de vendedores se enfrentan a un mercado con clientes cada vez más infieles y exigentes, con una variadísima oferta donde elegir, y con más tendencia que nunca a escoger por promoción y precio.

Este dato nos explica en parte porque los vendedores están entre los grandes consumidores de manuales de auto ayuda.

El mundo de las ventas es una de las profesiones emocionalmente más duras del mundo, donde no tienes posibilidades si no desarrollas una gran capacidad de gestionar la frustración y automotivarte. Para ser un gran vendedor requieres de grandes dosis de motivación, entusiasmo, energía y destreza mental.

Sin esa energía vital, la actividad comercial se hace difícil, y cuesta arriba.

Ante este panorama, el dominio de las técnicas de venta ya no basta, hay que dominar la inteligencia emocional, hay que saber automotivarse, hay que entrenar la mente para vender, de eso se trata este libro. Ser vendedor supone muchas veces caerse y volver a levantarse, y es necesario tener buenas razones para no caer en la apatía y el pesimismo que solo llevan a un bucle, un círculo vicioso, de donde luego es muy difícil salir.

Este libro de Coaching Motivacional para vendedores, es un resumen de mi experiencia como Coach en el mundo de las ventas, con consejos y ejercicios prácticos para gestionar todo tipo de emociones en las diferentes fases de la venta, encontraras consejos, para mantener tu motivación en alto, y mejorar los resultados, no se trata de un manual de ventas, la idea de este libro es mantenerte motivado, que controles tu mente y tus pensamientos, que tengas claro el objetivo y no te desvíes del camino a seguir, si te mantienes motivado las cosas al final te irán bien, independientemente del entorno y las circunstancias

En el Coaching Motivacional, trabajar las creencias es fundamental: si crees que te irá bien, al final te irá bien, pero no por cuestiones místicas, simplemente harás más cosas en la dirección que te has propuesto porque estarás convencido de que te va a ir bien y transmitirás a todo tu entorno ese optimismo, con lo cual todos querrán estar cerca de ti y comprar aquello que solo tú vendes. Somos y Transmitimos energía, esa energía se siente y es la que nos lleva a obtener grandes resultados.

El inconsciente piensa que comprándote a ti, se sentirán tan bien como tú, está demostrado que cuando creemos que podemos lograr un objetivo y lo creemos de verdad ponemos en marcha todos los recursos emocionales y físicos hacia esa dirección, con energía y constancia, estas variables son las que nos llevaran a conseguir el éxito.

Lo que contaré y explicare en los próximos capítulos te será de gran utilidad para motivarte, y aquí me gustaría hacerte una pregunta:

¿Es suficiente el dinero para motivarte?

Que otras cosas te motivan como profesional y como persona?

Las conocemos? Somos conscientes de ellas?

Sabemos utilizar esas herramientas de motivación, para sacar el mejor provecho de nuestro esfuerzo y nuestras habilidades? Aquí trataremos de responder a estas y otras preguntas.

Vender es para mí convertir un reto en una pasión, el esfuerzo en superación es levantarte cada día como si fuera el mejor día de ventas de tu vida, y que si ante la adversidad logras levantarte y motivarte, sin duda venderás.

La Motivación, cómo funciona?

La motivación es el fundamento que nos mueve hacia la acción.

Es eso que nos pone en marcha y hace que encontremos el sentido de llegar a donde queremos llegar.

Que te motiva a ti en tu trabajo?

Que es lo que hace que cada día vayas a trabajar?

Cual era tu objetivo cuando elegiste esta profesión?

Las respuestas a estas preguntas tienen que ser lo suficientemente fuertes, de peso, intensas, como para que te den el impulso y ganas de ir hacia ello, pero no son suficientes.

Pero que ocurre si no hay motivación?

Es necesario tener siempre un motivo para ponerse en marcha?

Algunos creerán que sí, otros que no. Pero lo que está claro es que sin motivación, nunca saldrás de tu zona de confort, y siempre tendrás una excusa para no iniciar nada nuevo.

Hay personas que no sienten la motivación hasta que no están en marcha, ver como alcanzan pequeños resultados les genera motivación, pero si esa motivación no va acompañada y alentada por un correcto entrenamiento mental, la persona se arriesga a que esa motivación sea breve, efímera, pasajera y ante la mínima adversidad, quede en nada.

Es solo la voluntad de querer hacer algo concreto lo que nos da motivación y las ganas de seguir?

Si y no, es bueno tener un objetivo al que dirigirse, lo que deja de serlo es hacer depender nuestra motivación de esa idea. La motivación crece cuando vamos en dirección a lo que nos hemos propuesto, pero para ello además, debemos prepararnos, entrenar la mente, evitar caer en el estrés, el aburrimiento y el conformismo.

Cuando somos conscientes de los efectos que supone no estar en equilibrio entre lo que sabemos y lo que queremos hacer, es cuando podemos influir en nuestras habilidades y mejorarlas para alcanzar el éxito profesional.

El conocimiento convencional no funciona, y nunca funciono.

En la escuela nos educan solo para ser simples empleados, quizás emprendedores, pero no para ser exitosos y prósperos en aquello que hagamos.

Hay una zona de confort que es la más dura en el ser humano, que es como te has definido a ti mismo que eres, los procesos mentales que te hacen pensar que no puedes ir más allá, que hay ciertos obstáculos que son demasiado grandes para ti. O que tú eres demasiado pequeño para ellos.

Esto implica que muchas veces hagamos cosas absurdas, pero sí creemos que podemos, lo que hoy nos parece imposible puede pasar de improbable a posible, por lo que te aseguro que este libro será una especie de viaje a tu interior.

Cuando tu viajas a tu interior, descubres que te vienes contando unas historias desde hace tiempo y lo peor de ello, es que te las has creído, lo que tú crees lo creas, porque lo vives como una certeza incuestionable. Todos nosotros arrastramos estas historias de nuestra voz interior, y las vivimos como realidades incuestionables, son profundamente limitantes, y nos hacen sentir que "no podemos" y que no merecemos ese éxito profesional.

Y porque tendemos a sentirnos incapaces, inseguros y bloqueados? Cuando dentro de mi tengo recursos para hacerle frente?

Porque hago caso a esa voz interior que me limita?

Y que tapa esta voz interior? Miedo he inseguridad.

Todos tenemos una sombra, que aunque es muy difícil verla, está allí. Yo no puedo cambiar cosas en mi vida si no las veo, el ser humano solo tiene un oponente y es su ego, el ego es ceguera, hay sutiles disfraces del ego, que nos hacen creer que somos buenos vendedores y que con eso basta, pero no es real.

Es normal que nos guste la seguridad, que nos guste el reconocimiento y la valoración, es normal que nos guste sentirnos acogidos, pero no nos podemos quedar ahí, el verdadero crecimiento, la verdadera magia, la verdadera evolución de un vendedor con mentalidad de éxito, es cuando abraza la aventura, cuando ve en la incertidumbre no un peligro sino una oportunidad, cuando se ocupa en crecer por dentro, y cuando en su vida es una prioridad añadir valor en la vida de los demás, el vendedor con mentalidad de éxito se plantea cada día a cuantas personas puede ayudar hoy.

Te gustaría lograr el éxito profesional que muchos solo soñaran?
Si es así, este es tu libro.

El perfil del nuevo consumidor

Nadie dijo que esto de vender o ser emprendedor es fácil, pero la verdad es que en los últimos años se está complicando cada día más.

Estamos ante un consumidor que cambia muy rápidamente sus hábitos de consumo, o lo que es lo mismo, sus nuevos hábitos de consumo no son lo que hemos conocido, solo basta ver como ejemplo al cliente de poder económico medio -bajo, que navega por internet con el ultimo iPhone, mientras busca un vuelo low cost, y luego busca entradas para el teatro con las mejores ubicaciones, pero come algo rápido y barato en el primer fast food al paso, este nuevo consumidor está lleno de paradojas, y es un comprador muy infiel, lo cual demuestra cómo está cambiando la sociedad actual.

Este nuevo consumidor sabe que las cosas ya no son para siempre, que caducan en algún momento, los consumidores valoran cada vez menos la fidelidad y les importa poco o nada los sentimientos de los vendedores y los emprendedores.

No es infrecuente ver a los compradores que van a la tienda a informarse, la dependienta les enseña todos los abrigos disponibles en todos los colores y luego el cliente compra el producto por internet, sin valorar el asesoramiento de la vendedora, este fenómeno se llama *showrooming* y consiste en visitar las tiendas físicas para ver, tocar y probar un producto, y desde la misma tienda buscar el mejor precio en internet y terminar haciendo la compra online.

Según los últimos experimentos realizados en Neuromarketing, la gran mayoría de los consumidores no se sienten culpables por hacer esto. Las zonas del cerebro relacionadas con la culpa no se activan cuando practican el *showrooming*, sobre todo al tratarse de los consumidores más jóvenes.

Este fenómeno ha surgido con la llegada de los teléfonos inteligentes, la aparición de grandes plataformas de comercio electrónico, y las aplicaciones que facilitan la comparación de precios, el *showrooming* seguirá creciendo en los próximos años, y ocurrirá también en España, es una realidad y no va a cambiar por mucho que no nos guste, todo lo contrario hay que saber convivir y trabajar con ella.

Estamos ante un nuevo consumidor que no aprecia nuestros valores añadidos, o no están dispuestos a pasar por ellos, con tanta oferta y un acceso tan rápido y fácil a la información, cada vez cuesta más a las empresas identificar valores añadidos por los cuales los clientes estén dispuestos a pagar y por tanto a realizar una compra que no solo este basada en el precio.

El consumidor actual es también mucho más exigente, sobre todo porque tiene mucha más oferta al alcance de la mano que hace unos años, este nuevo consumidor está mucho más informado, hay clientes que saben más del producto que el propio vendedor, lo cual sinceramente es una vergüenza, y habla de falta de compromiso por parte del vendedor o falta de formación por parte de la empresa, o ambas cosas.

Hay que aceptar esta realidad, porque los que tienen que cambiar son los vendedores y su forma de trabajar, el mundo digital ha dado un gran poder al consumidor, por lo que el comercial debe dejar de ser un catálogo parlante y establecer relaciones mucho más personalizadas con sus clientes, basadas en la confianza y los elementos diferenciadores.

Hay que trabajar para atraer a los clientes, diferenciándonos para que no nos perciban como un simple proveedor sino un partner, para ello hay que entrenar las habilidades emocionales para resistir y persistir, porque ante el consumidor actual infiel y exigente que se lo piensa más, que no hace lo que dice que hará, triunfaran solo los buenos vendedores, los más resistentes, los que entrenan su mente, ya no solo deberán cerrar bien una venta, también tendrán que tener lo que hoy en día se conoce como resiliencia

La resiliencia es la capacidad de resistencia y recuperación, el nuevo vendedor del presente y del futuro debe ser un vendedor resiliente

Si bien este panorama no es muy alentador, todos los productos y todos los vendedores tienen su público, puede ser que no te resulte fácil encontrarlo, que tengas que persistir, y que tengas que automotivarte cada día, es por eso por lo que este libro también te puede resultar útil.

Que motiva a los vendedores?

Entre las razones que más motivan a un vendedor encontramos el dinero, y los incentivos económicos, ambos son elementos fundamentales para todo vendedor, pero no los únicos, también encontramos:

Convencer al cliente.

Convencer al cliente comporta ventas y las ventas traen ingresos, pero aquí la satisfacción no viene solo por el dinero, sino por otros beneficios también potentes; sentir tu poder de convicción, sentirte reconocido como vendedor, y sentirte seguro de ti mismo.

Convencer a un cliente nuevo tiene un plus de satisfacción, algunos vendedores señalan que les motiva conseguir clientes en circunstancias difíciles, no por el dinero que conlleva la venta en sí, sino por el reconocimiento que siente el vendedor lo cual les da la energía para pasar al siguiente.

Sentir que el cliente está satisfecho.

Existe placer y satisfacción en el placer y la satisfacción de los demás.

Por lo general, el vendedor es una persona empática, entonces la satisfacción de los clientes es también su satisfacción, muchos hablan de la felicidad del cliente, o del cliente feliz, como motivación personal, y todos sabemos que un cliente feliz es un cliente que muy probablemente volverá a comprar, pero aquí hay algo más que dinero, y es la necesidad humana de conectarnos con los demás, de relacionarnos, de hacer felices a otras personas, algunos vendedores se sienten motivados porque ayudan a sus clientes con los productos o servicios que venden.

La relación con los clientes.

Para muchos vendedores la relación con los clientes ya es la motivación en sí, lo cual se debe en parte a que a muchas personas les produce satisfacción el hecho de relacionarse con otros, ya que todos como consumidores agradecemos el trato amable, diferenciado y cercano de las personas y por el contrario nos produce rechazo cuando vemos que el otro solo quiere relacionarse con nosotros para vendernos algo, cuando el cliente siente que tratamos de persuadirle, no nos compra y hemos perdido la venta.

El cliente debe percibir que es el quien decide la compra, aunque elija nuestra opción, entonces ese cliente no solo compra, sino que disfruta, debemos lograr que sea el cliente el que nos elija y para ello debe percibir que el hecho de relacionarse con el vendedor, ya de por sí, es un momento enriquecedor, desde el momento en que el cliente ya le describe sus necesidades al vendedor, nos está dando pie a entablar la relación comercial, por eso es crucial conectar con el cliente, con esa persona que hasta hace minutos no conocías.

Formar parte de una empresa fuerte.

Este es otro elemento motivador para cualquier vendedor, contar con el respaldo de una empresa solvente, de ser posible una gran marca reconocida, la mejor motivación para un vendedor es saber que tiene detrás todo un equipo que lo apoya y responde, un buen equipo siempre consigue lo que se propone. Un ambiente de trabajo positivo y optimista es alentador, porque cuando el vendedor está rodeado de un ambiente negativo, de miedo, es muy difícil mantener el ánimo, la negatividad se contagia, y hunde las ventas, es por ello por lo que los vendedores siempre deben rodearse y dejarse guiar por personas optimistas, que tengan las reglas y las cosas claras, esas personas que contagian energía, ganas de generar, de hacer que las cosas pasen.

Todos sabemos que la envidia mal entendida, los problemas de ego de los vendedores, las luchas de poder, en las ventas están a la orden del día, todas esas cosas destruyen la motivación del vendedor, interfieren en el camino a las ventas y no permiten que el vendedor sea efectivo. Es por ello por lo que la actitud positiva y la firme convicción son esenciales

La actitud positiva es el estado de ánimo que predispone al vendedor a superar cualquier obstáculo, dificultad o adversidad, no siempre es fácil conseguir esto, pero el vendedor debe luchar contra la negatividad.

Los retos.

A todos nos gusta la seguridad, pero un verdadero vendedor necesita siempre una dosis de aventura, y en el mundo de las ventas hay de sobra, marcarse retos todos los días es fácil, como intentar llegar a una cifra de ventas, aumentar la venta cruzada, ganar cartera de clientes, mejorar el ticket medio, ganarle un cliente a la competencia, todo esto le da al vendedor una dosis de adrenalina, pero nunca debemos de olvidar que los retos que se han de marcar a los vendedores deben cumplir con dos reglas de oro: que se puedan alcanzar, y que dependan de ellos, de lo contrario no solo será difícil de medir si el reto se ha logrado, sino que no servirá para motivar.

Cambiar el estado de ánimo

Qué hacer cuando el vendedor debe enfrentarse a una situación desmotivadora?

Por ejemplo no convencer al cliente, falta de respaldo de una empresa, falta de retos, no lograr la conexión con el cliente, falta de clientes, crisis en los mercados etc.

Lo primero es pensar, sentir y ser positivo, lo que tenía que pasar ya paso. El cliente siguiente será el mejor.
Cuando dedicamos lo mejor de nosotros, esfuerzo, energía, tiempo, formación, los resultados siempre llegan.
Podemos analizar el proceso de contacto con el cliente para ver donde estuvo el error, por si hay algún paso que el vendedor está haciendo mal.
Generalmente cuando el vendedor descubre en que ha fallado, sabe que con el próximo cliente no volverá a fallar.

Un buen vendedor, pase lo que pase, siempre sonríe, es la mejor herramienta y el arma más eficaz para combatir la negatividad. La sonrisa es contagiosa.

Resistir y persistir. Salir todos los días a ganar, cuando ganamos, ganamos y cuando perdemos aprendemos. Hay que sembrar para poder luego recoger.

Pensar en una frase motivante, y que lo que hoy es un no, mañana será un sí.

Es importante refugiarse en el buen ambiente con los compañeros de trabajo, todos quieren vender, todos tienen sus objetivos, pero acompañarse como equipo en un mal momento de ventas ayuda a superar la adversidad.

Piensa en la gente alegre y positiva que encuentras a diario en tu camino, todos los días conoces gente interesante.

En otro capítulo volveremos sobre esto, desde la reprogramación mental y la PNL.

Como funciona la motivación?

Los vendedores se pasan el día tratando de motivar a otros para que les compren, o para que les compren más, o para que no se vayan con la competencia, pero muchas veces los vendedores no saben automotivarse, tienen una idea, pero no saben cómo trabajarla, de qué manera y mucho menos, como lograr que sea duradera.

Que debe hacer un vendedor para estar motivado? Para sentirse entusiasmado? Para superar las dificultades?

Todos nos movemos por deseos, que parten de necesidades, y cuando deseamos mucho una cosa, decimos y sentimos que tienen mucho valor para nosotros
En función a ese valor que le damos seremos capaces de dedicar más o menos energía a conseguirlo. Estaremos más o menos motivados, y más o menos dispuestos a superar los obstáculos que encontraremos en el camino.

Pero lo difícil es lograr mantener la motivación a lo largo del tiempo, en el fondo somos todos seres impulsivos, comúnmente tendemos a pensar que cuando nos sentimos desmotivados tenemos tres caminos para solucionarlo:

Encontrar un nuevo deseo, o reavivar el antiguo.
Dar más valor a nuestros objetivos
Buscar recursos que nos faciliten el camino, o lo que yo llamo el entrenamiento mental, del cual hablaremos más adelante.

Para motivarte eficazmente, debes tener claro que cosas te gustan y que cosas necesitas para ser feliz, o sencillamente estar bien.

Que deseas?
Que valor le das a eso? Que te impide conseguirlo?

Si te sientes desmotivado en el trabajo, entonces tienes que revisar tus deseos y alentarlos, poner en valor lo que tienes y lo que quieres conseguir, aquello por lo que te levantas cada mañana, y detectar lo que te impide conseguirlo.
No hay vendedores desmotivados, sino vendedores que no tienen bien orientada su motivación, ni bien entrenada su mente.

Curiosamente muchos vendedores no son conscientes de la estrecha relación que hay entre la motivación y las ventas, se nota en los resultados si está motivado o no, porque cuando un vendedor está motivado transmite confianza y eso hace que venda más, la confianza y el entusiasmo son contagiosos, y como ese vendedor vende más, adquiere más confianza, y eso hace que entre en un espiral positivo. No siempre es así, hay factores externos que el vendedor controla y no controla.

En el sentido contrario, cuando el vendedor esta poco motivado, tiene poca confianza, ocurre que no gustas, no seduces, y ves bajar tus ventas.
Y entonces ese vendedor sigue perdiendo confianza, vende menos, y así hasta llegar al desastre.
Solo hay una persona capaz de cambiar la dirección de ese espiral y eres solamente tu. Como? Eso es algo que veremos en este libro, pero te adelanto que tendrás que hacer un esfuerzo.

Cuando las cosas van mal, los vendedores tienden a culpar a factores externos, caer en el pozo de al autocompasión, y desde esta perspectiva ya te digo que nunca mejoraras.

Tendrás que hacer un esfuerzo por salir de ahí, sin que nadie te saque o esperando que cambien las circunstancias, sé que es más cómodo quedarse en ese papel de víctima, pero tendrás que salir de allí y hacer algo diferente, tendrás que cambiar tu forma de pensar y de actuar.

No se trata de autoengañarte, se trata de cambiar completamente de chip, de dejar de autocompadecerte para pasar a ser el protagonista de tu éxito.

Se trata de aprender a entrenar tu mente, con el Coaching Motivacional y herramientas de la PNL.

Si cambias tus sensaciones, podrás cambiar tu pensamiento, y enfocarlos a la motivación, y desde allí estarás preparado para poder entrenar tu mente, algo que te servirá para cualquier aspecto de tu vida, no solo para el trabajo.

Y tú me dirás, pero como hago para mantenerme motivado en un contexto como el actual?

Deberás ser positivo y perseverante para conseguir los objetivos que te has marcado, y como se logra?

Controlando tu dialogo interno, esa vocecita interior que te dice que hoy no lo vas a lograr, con la visualización, y entrenando tu mente.

Cuando hablo de visualizar tus objetivos, me refiero a hacerlo de forma resolutiva, y concreta. La visualización te ayuda a mantenerte enfocado en tu objetivo a batir.

1.*Visualizar un futuro atractivo* te empuja a emprender las acciones necesarias para llegar a el

2. *La capacidad de descubrir e influir en nuestra mente,* sustituyendo unos pensamientos por otros, trabajando el entrenamiento mental con PNL

Esto solo puede ocurrir cuando somos dueños de nosotros mismos, cuando sabemos cortar por lo sano, en el momento justo. Si cambias tus pensamientos, cambiaran tus sensaciones, y la energía que transmites, y si transmites buenas vibraciones todo ira mejor, desde el logro de tus objetivos de ventas, hasta tus relaciones con la familia y amigos.

Soy consciente que cuando se trata de vender, cada fase lleva asociada una serie de emociones, que no siempre sabemos gestionar con eficacia y optimismo, pero es posible hacerlo, si entrenas tu mente y es justamente lo que veremos a continuación

El éxito es una habilidad

El éxito es una habilidad que se puede aprender, desafortunadamente la mayoría de los profesionales de la venta siguen absorbidos por la vieja escuela, y aquellos sistemas que aprendieron en el pasado, pero ya sabemos que dicho sistema no funciona, el 85% de la población nunca llega a ser ni sentirse exitoso.

La clave del éxito es el posicionamiento, si quieres ser el mejor vendedor, tienes que posicionarte y ser dueño de tus logros, educarte y entrenarte para ello. Para educarte tienes que llegar a la información, ponerte en el camino, cuando estas en ello, ya no hay nada que te detenga.

Pero para prepararte para el éxito, primero debes trabajar en estos principios:

Primer principio: Desarrolla una mente de riqueza.

Y tú me dirás, Riqueza?

Si, estamos hablando de ventas, donde fluye el dinero, y el dinero trae riqueza. Todo cambio trae oportunidades, tienes que ser consciente que tus creencias determinan tus acciones, para ello tienes que creer en dos premisas *"Tener éxito como mejor vendedor es posible"* hay mucho escepticismo sobre ser exitoso, pero todos tenemos esa oportunidad y ahora es el mejor momento de la historia para convertirse en el mejor vendedor de éxito, los mercados, los consumidores, y sus intereses están cambiando rápidamente, y nos encontramos ante una nueva realidad.

Los vendedores exitosos se centran en las oportunidades, los vendedores mediocres en los obstáculos.

Segundo principio: Siempre puedes ser más exitoso y hacer más.

Hace dos décadas solo existía una mentalidad de "algo seguro para toda la vida" pero hoy en día, eso ya no es así, ya no existe el trabajo de vendedor en una única empresa para toda la vida, ya no existe la seguridad laboral, la realidad actual es que la mayoría de nosotros podrá llegar a pasar por seis u ocho cambios profesionales en su vida, de los que se cree tendrán una duración media de 5 años,

Recuerda, el pasado no es igual al futuro.

Tercer principio: Si de todas formas trabajaras duro, trabaja para ser el mejor.

Algunos vendedores son personas que piensan rápido, cierran ventas rápidamente y pasan automáticamente a otra venta, sin crear una relación con el cliente.

Otros prefieren la estabilidad en su trabajo y la rutina, si cierran ventas bien y sino mañana será otro día.

El factor determinante para creer que ser un vendedor de éxito es para ti, es tener claro la fuerza de tu verdadero deseo, debes realmente querer ser un vendedor de éxito, no vale solo con querer ser un buen vendedor

La mayoría de los vendedores no llegan a ser auténticos vendedores de éxito porque no saben cómo prepararse para ello.

Cuarto principio:
El dinero, factor más importante de tu vida profesional.

La mayoría de los vendedores no lo entiende, si quieres ser un vendedor de éxito, tienes que darle el *valor* que realmente tiene el dinero en tu vida

Valor es una palabra clave, la razón por la cual muchos vendedores no llegan a nada en su carrera es porque no ofrecen valor al mercado actual. El elemento importante aquí es entregar valor.

Muchos vendedores tienen buenas ideas, buenas intenciones, venden buenos productos y servicios, pero su *valor* no se considera verdaderamente valioso en el mercado actual, o simplemente no ofrecen lo suficiente.

Los vendedores de éxito juegan el juego del dinero para ganar, los vendedores mediocres juegan el juego para no perder.

Quinto principio: Elije el momento adecuado en el momento adecuado.

El tiempo lo es todo, que pasa si un árbol crece alto sin raíces? Llegará el día en que se derrumba y muere.

Cuando encuentras tu estilo de venta, debes generar más y multiplicarlo.

Recuerda, los vendedores con mentalidad de éxito piensan en grande, los vendedores mediocres piensan en pequeño.

Sexto principio: El vendedor con mentalidad de éxito comienza su día proyectando su objetivo en su mente.

La diferencia entre el vendedor con mentalidad de éxito, y un vendedor promedio es que el vendedor con mentalidad de éxito comienza el día con el objetivo en su mente y termina su día con el objetivo en su mente, significa sentir la emoción del éxito logrado en cualquier negocio o venta que se emprenda antes de haber empezado, es decir; creer fervientemente que lo va a conseguir, de manera que lo visualice y sienta ese momento culminante.

Los vendedores con mentalidad de éxito aprenden y crecen constantemente.
Los vendedores promedio creen que ya lo saben todo.

Si de todos modos vas a trabajar duro, es mejor trabajar para ser un vendedor exitoso, el mejor, un vendedor brillante, y cuanto más rápido lo seas mejor. Obtén el conocimiento, domina estos principios, estudia tus estrategias, y en poco tiempo no tendrás que preocuparte por ser el mejor. Lo serás.

Vender para emocionar

La venta es algo emocional porque los motivos por los que el cliente adquiere alguno de nuestros productos también lo es.

De hecho, nos asombraría saber que antes de que nuestro cerebro racional nos dé una serie de argumentos para adquirir un producto determinado, nuestro cerebro emocional ya ha tomado la decisión de hacerlo. Si queremos dejar huella en el cliente que estamos atendiendo, es necesario hablar de emoción y de que hacemos sentir al cliente.

Tendemos a recordar solo aquello que nos hace sentir, y solo seremos capaces de ser recordados por nuestros clientes si podemos emocionarles a través de lo que hacemos.

Que queremos ser para nuestros clientes?

Que crees que transmites cuando vendes cuando estas motivado, centrado y positivo?

Y cuando estas en un bucle pesimista?

Si queremos ser auténticos vendedores, tendremos que trabajar indudablemente habilidades que tengan que ver con nuestra mejor versión, no hablamos solo de habilidades en la técnica de ventas, sino más bien de aquellas habilidades emocionales como la inteligencia emocional, la autoestima, la empatía, para poder dar así lugar al entrenamiento mental.

Para que la inteligencia emocional en las ventas?

La inteligencia emocional te permitirá concerté como vendedor, y sacar tu mejor cara profesional y personal.

Mas te conoces, más aumentaras tu confianza, y te querrás más, eso hará que te sientas más seguro a la hora de vender y afrontar retos, y serás un vendedor autentico.

Podrás controlar tus estados de ánimo, esos que nos afectan en nuestro día a día, y que repercuten en la relación que tenemos con nosotros mismos, con nuestros compañeros de equipo, y con nuestros clientes.

Para que tengas mejor actitud, ello influirá en tu rendimiento en las ventas y hará que te sientas útil, y que percibas que tu trabajo tiene sentido.

Para que puedas crecer como vendedor y que seas capaz de diferenciarte de los demás, no por el producto que vendes, o por la marca que representas, sino por la huella que generas en los que te rodean.

Con la inteligencia emocional, tu motivación trabajara siempre a tu favor.

La inteligencia emocional es una de las herramientas que nos ayudaran a mejorar como profesionales de la venta, con el conocimiento de nosotros mismos, las emociones, saber que nos pasa, porque nos ocurre y como gestionarlo, con empatía y con generar con las demás personas relaciones auténticas, con las cuales podamos sentir, una situación de igualdad.

El vendedor y su relación con su voz interior

Las habilidades intrapersonales son las que nos posibilitaran una mejor percepción de nosotros mismos, entendernos mejor y confiar más en nosotros. ¿Como repercute esto en tu trabajo de vendedor?

En tu actitud.

Autodesarrollo

La capacidad que tenemos de aprovechar las oportunidades que se nos ofrecen o podemos ofrecernos nosotros mismos, para la mejora de nuestro crecimiento personal y profesional.

Autodisciplina

Si queremos que aquello que tanto nos motivó, nos movió por dentro y nos hizo sentir que las cosas podían ser diferentes y mejores, pase a ser parte de nuestro día a día, tenemos que, junto con los planes de acción que nos dirijan hacia la mejora deseada, contar con una habilidad indispensable: La autodisciplina.

La autodisciplina está ligada con la capacidad de llevar a cabo una acción por nosotros mismos con independencia de nuestro estado emocional. Es una habilidad muy importante a la hora de alcanzar aquellos objetivos que nos proponemos, no sucumbir al desánimo y a las dificultades que nos encontramos. La autodisciplina tiene que ver con la fuerza de voluntad.

Como podemos potenciar esta habilidad? Abandonando nuestra zona de confort.

Nuestra zona de confort es ese lugar donde a nuestra mente le gusta estar por la comodidad y tranquilidad que supone, aunque estar en ella no significa que el vendedor se sienta feliz.

 La zona de confort es una zona donde pocas o muy escasas cosas crecen. El camino de mejora profesional y logro de objetivos se encuentran fuera de sus muros.

Es necesario que el vendedor haga las paces con su mente, es mejor tener a la mente de aliada si luego vas a entrenarla.

La mente es quien te permite llegar allí donde deseas, no olvides que todo aquello que haces es fruto de tu capacidad de elección.

Adquiere el compromiso como resultado de tu motivación, que tenga sentido para ti, cuida el exceso de autoexigencia.

Una vez establecido tu objetivo, tu punto de meta profesional, céntrate en cómo vas a llegar a él.

Autoestima

Autoestima es la capacidad que tiene el vendedor de considerarse un profesional competente para enfrentarse a los desafíos y objetivos profesionales.
Sentir que puede, que tiene recursos, que es capaz de lograr lo que se proponga, todo ello habla de su autoestima.

En función a como sea lo que piensa el vendedor de sí mismo, así se tratara y como te tratas?

Te tratas con suavidad, con complacencia, demasiada exigencia, te animas?
Te dices que eres tan valioso como los demás?

La habilidad de la autoestima está directamente relacionada con la autodisciplina, porque cada vez que sentimos que fallamos en nuestro objetivo, nuestra autoestima se va retrayendo, los mensajes que mandamos a nuestro cerebro cada vez que sentimos un tú no puedes, destruyen nuestras posibilidades de superación.

Que puede provocar este tipo de mensajes en un vendedor?

Como influye en su determinación de creer que no eres capaz de alcanzar algo, el sentimiento de frustración es el mayor enemigo de la autoestima y el que consigue que cuando es demasiado grande nos olvidemos de lo que realmente somos capaces de conseguir.

El principal obstáculo que nos impide estar donde queremos estar no está fuera, se encuentra dentro, y se llama falta de confianza en nosotros mismos.
Somos más capaces de lo que creemos, de hecho si miras atrás, que has sido capaz de conseguir? Seguro que ejemplos no te faltan.

Autonomía

La autonomía implica tomar decisiones propias, llevarlas a la práctica, asumir riesgos, y la responsabilidad que de ello supone, si persisto en mi propósito, potencio mi autodisciplina y cuando alcanzo el resultado esperado, refuerzo mi autoestima, y mi sensación de sentirme capaz. Cuando me siento capaz crezco en seguridad, y la seguridad es la que me hace sentir que puedo tomar decisiones propias, sin necesidad de hacer responsable a nadie más.

Pero para hablar de autonomía debemos hablar también de proactividad y reactividad.

Hablamos de proactividad cuando una persona cree que tiene capacidad de influir en aquello que considera que esta en sus manos, y asume el pleno control de su conducta, la conducta proactiva implica iniciativa a la hora de tomar decisiones para mejorar su entorno e influir en el de manera positiva, las personas que tienen esta capacidad asumen la responsabilidad de las decisiones que adoptan y en consecuencia se sienten libres y útiles.

Cuáles son las características de los vendedores proactivos?

Conocen sus fortalezas, y debilidades, confían en ellos porque saben que son buenos. Aceptan sus debilidades y las interpretan como una oportunidad para mejorar.

Son capaces de gestionar sus emociones y su actitud, no tienen desbordamientos emocionales.

Afrontan el cambio y ven en el oportunidades de crecimiento, no interpretan desde el miedo, sino que afrontan situaciones nuevas que les generan nuevos aprendizajes, y maneras diferentes de ver las cosas.

Confían en ellos mismos, y asumen nuevos retos. Saben de qué son capaces, y se ponen sin problemas manos a la obra.

Proponen ideas nuevas, y tienen iniciativa en la creación de nuevos escenarios, creen que tienen la capacidad de cambiar las cosas que no les gustan, y ofrecen ideas de mejora.

Opinan de manera asertiva.

El mayor enemigo de la proactividad es el disfraz de vendedor víctima, que nos ponemos todos de vez en cuando, y desde allí poco se puede mejorar.

Cuál es ese papel de víctima?

La crisis, ahora los clientes no compran como antes
La venta por internet, a los vendedores les ha quitado muchas ventas.

La competencia, hay otras marcas vendiendo lo mismo que nosotros.

Los precios elevados, son demasiado caros y la gente no compra.

Los precios bajos, son demasiado baratos y la gente piensa que lo que vendemos no tiene valor.

La rotación de los vendedores, se marchan constantemente y los nuevos no tienen entrenamiento y no venden igual.

La falta de personal, la lluvia, el sol

La falta de motivación, me aburro en mi trabajo

Observa esas respuestas, cuantos de esos obstáculos dependen de ti? Y cuantos dependen de los demás?

Tendemos a pensar que los obstáculos dependen de factores externos, y es ahí que aparece el papel de víctima y la figura de la reactividad.

Las personas reactivas son aquellas que han decidido de forma inconsciente, creer que no pueden cambiar nada, su círculo de influencia es pequeño y por ende el de preocupación se hace mayor. Este tipo de vendedor siempre es la víctima.

Como es el vendedor cuando se comporta de manera reactiva?
Exige a los demás
Es una queja constante
Tiene una actitud negativa y pasiva.
Cree que la solución del problema depende del otro
Abandona pronto su propósito de objetivo y se desanima con facilidad

Cuando el vendedor esta en este papel, se siente acreedor que aquello que cree que los demás le deben, tienen una carencia de reconocimiento por parte de los demás y siempre esperan que les agradezcan lo que hicieron en su día

Ahora, después de leer esto, de que te das cuenta?

Este vendedor necesita dejar de quejarse y empezar a ver qué es lo que en realidad está en sus manos cambiar, los vendedores pueden comunicar las mejoras que se les ocurran a la empresa, aprovechar a cada cliente, a cada miembro del equipo, y practicar su mejor versión de vendedor, no podemos evitar que llueva, pero si decidir qué es lo que hacemos mientras lo hace.

Cuando damos peso y protagonismo a la suerte, a todo lo que no está en nuestras manos, nos volvemos víctimas de nuestro futuro en el que creemos que no podemos hacer nada.

Autoconocimiento

El autoconocimiento es una habilidad dentro de las intrapersonales, que tiene que ver con la capacidad que tenemos de aceptar nuestras emociones, reconocer, atender nuestros propios sentimientos, diferenciarnos de otros, gracias a esta habilidad podemos gestionar nuestro estado de ánimo.

Una buena manera de poder conocerte más y mejorar tu autocontrol es la de darte la posibilidad de sentir, analizar eso que estas sintiendo, que es lo que ha provocado esa emoción de miedo, ira, tristeza que te ha venido a decir.

Una de las principales consecuencias de la negación a sentir lo que no nos gusta es la ansiedad. La ansiedad, tiene que ver con el hecho de fijarnos metas demasiado altas para las herramientas con las que contamos, y aparece cuando queremos evitar emociones desagradables.

Para poder hacer las paces con esa sensación de angustia es importante tener en cuenta que las emociones acentúan su intensidad cuando tratamos de evitarlas.

Que a veces el sentimiento de amenaza o de miedo a sentir es más grande que la circunstancia real que lo provoca.

Que lo que nos paraliza no es el hecho que nos ocurre, sino la creencia que tenemos acerca de la emoción que en ese momento deberíamos estar sintiendo.

Autocontrol

Una vez detectada la emoción, saber de dónde viene y para que, es importante saber gestionarla con el fin de que no nos desborde. Una cosa es dejarnos sentir la emoción que en un momento determinado aflora y otra es dejarnos desbordar por ella y perder el control sobre la misma.

El autocontrol tiene que ver con tener nuestras emociones bien gestionadas, evitar reacciones negativas afrontar los conflictos con otras personas de una forma emocionalmente inteligente y con tener un claro manejo del estrés para que este no interfiera la consecución de nuestras metas y objetivos.

Hasta aquí hemos hablado de las habilidades intrapersonales necesarias para tener una buena relación con nosotros mismos y poder influir en nuestro entorno de manera positiva.
Autodisciplina, autoestima, autonomía, autoconocimiento, autocontrol son elementos clave para nuestro buen desarrollo como profesional. Nuestros éxitos dependen de nosotros mismos y de cómo los queramos alcanzar.

Te has planteado alguna vez cuantos vendedores existen?

Que crees que es lo que hace que unos tengan éxito, crezcan y se desarrollen, mientras otros no destaquen nunca o lo hagan de forma efímera?

El Para qué?
El cómo? Y el Que?

El vendedor con mentalidad de éxito debe ser el líder invisible que tiene claro para que esta en el lugar en que esta, y ese motivo será una de las piezas claves para ser alguien capaz de diferenciarse de los demás.
De esta manera la venta se produce, deja de ser objetivo y se convierte en consecuencia, lo primero que compra el cliente es al vendedor, no el producto que este le ofrece.

Hábitos de los vendedores exitosos

Si quieres cambiar algo en tu vida, tienes que cambiar tu programación mental.

La mente es como un ordenador, si en tu mente instalas un pensamiento de prosperidad y éxito, te va a generar un resultado de prosperidad y éxito, así funciona la mente. Y esta es una regla básica que deberás aplicar si quieres triunfar.

Como puedes hacer para programarte para lograr el éxito en tu carreta profesional?

"Cuando creas en algo cree en ello todo el camino, sin cuestionar tu fe" Walt Disney

Debes imaginar todos los días que alcanzas tus objetivos.

Algunas personas se pasan todo el día visualizando todas aquellas cosas malas que les puede ocurrir, no se dan cuenta que al hacer eso, están aumentando un 82% las probabilidades de que esas cosas malas ocurran. Al hacer eso aumentan su negatividad y desgracia.

Hace unos años, la Copenhagen Business School realizo un estudio sobre la visualización de metas y objetivos a alcanzar, parte del estudio contemplaba una encuesta entre los estudiantes, a los que luego dividieron en dos grupos, el primer grupo de encuestados sostenía que la visualización era una tontería, y que cuando encontraban una persona que si utilizaba la visualización como ejercicio para entrenar su mente, la menospreciaban, porque sostenían que no ofrecía ningún tipo de resultados.

El segundo grupo de encuestados sostenía que la visualización diaria de sus objetivos les permitía lograr alcanzar las metas que se fijaban.

Luego de 6 meses, se analizaron los resultados de éxito entre ambos grupos de estudiantes, el que si visualizaba metas contra los resultados de éxito de aquellos que no lo hacían y se demostró que las personas que visualizan lograban un 82% más fácilmente los objetivos que querían alcanzar, que aquellas personas que no practicaban la visualización.

El solo optimismo en sí mismo, no alcanza para solucionar los problemas, pero el pesimismo te hace perder doblemente, ya que no te permite ver más allá de las posibilidades que puedes generar.

Según este estudio, un pesimista pierde un 82% de posibilidades que podría ganar visualizando con una actitud mental positiva, y además hay que agregar el 82% que se acerca al fracaso por visualizar cosas pesimistas.

Si sumamos ambos porcentajes sabemos que el pesimista se acerca un 180% al fracaso, solo por pensar en forma pesimista.

Puede ser que el optimista no consiga alcanzar el éxito solo por pensar de manera positiva, pero ya se está acercando un 82% más que si no lo hiciera.

El optimista aún deberá hacer algo que lo acerque al 18% que le falta para lograr el éxito, pero ya tiene la mayor parte del camino recorrido, por eso es tan importante visualizar y escribir los objetivos que quieres lograr.

Existen tres tipos de personas:

Las personas pesimistas.
Siempre están visualizando problemas y tienen un 164% de posibilidades de sentirse mal, y de que le ocurran cosas malas en la vida, de sufrir problemas de salud, pobreza y problemas familiares, porque eso es lo que le ordenan a su subconsciente.

Luego están las personas que no son ni pesimistas, ni optimistas.
Son las personas lógicas, no se sienten desgraciadas pero tampoco se sienten entusiasmadas, no visualizan ni escriben sus objetivos, por eso todo les cuesta el doble de lograr, tienen todo un camino para recorrer, y son los que se suelen sentir apáticos y estancados constantemente.

Y por último están las personas que tienen una mentalidad positiva, tienen por escrito sus objetivos, y cada día están imaginando como van alcanzando esos objetivos, estas personas ya tienen el 82% del camino recorrido, solo tendrán que trabajar en su propósito un 18% más, porque la mayoría del trabajo ya lo hizo su subconsciente.

Como usar tu mente para lograr el éxito como vendedor?

La mayoría de la personas están totalmente inconscientes del poder que tiene la mente y la imaginación he invariablemente se dejan llevar por los hechos y aceptan la vida sobre la base del mundo exterior.

Tu vida es tal cual tus creencias, es decir tu programación mental.

Tu programación mental

El problema es que los vendedores no suelen pensar en su mente como algo que se puede hackear

La mayoría de los profesionales de las ventas que no logran sus objetivos tienen creencias equivocadas, programas mentales incorrectos, y lamentablemente no lo saben, desconocen esto que tu estas descubriendo aquí.

Muchos profesionales nunca llegan a saber porque no logran sus resultados, ni el éxito deseado, y es simplemente porque **están mal programados**, tuvieron las estrategias mentales incorrectas en el subconsciente y nunca pudieron cambiarlas. Pero lo grandioso de esto es que tu no tendrás que pasar por ese problema, podrás cambiar tu realidad a voluntad.

El problema es que los vendedores no suelen pensar en su mente como algo que se puede hackear, pero realmente la conciencia, la mente, si es hackeable.

Técnica practica

Lo primero que debes saber es exactamente qué quieres en tu carrera profesional.

Cuando sepas exactamente aquello que quieres, dibújalo, plásmalo en un papel de la forma más exacta de la que seas capaz, plasma tus ideas en un papel, como te sentirás cuando logres ese objetivo? Que harás físicamente si ya lo hubieras logrado? Que cosas tocaras?

Por ejemplo, te vez como el mejor vendedor del año? Dibújate como el Top Seller que llegaras a ser, que harás siendo el vendedor del mes? Te abras ganado el viaje a Miami que da la empresa? O si quieres poner tu propio negocio, visualiza y dibújate al frente del mismo, como te sentirás siendo ya el dueño? Escribe esos sentimientos en el papel, como si ya lo hubieras logrado.

Recuerda el dibujo de tu objetivo, debe tener todo lo que quieres lograr, tiene que ser una representación parecida que tenga todas las cosas que quieres.

Los vendedores son prácticamente inconscientes de este fantástico poder de la visualización y de la imaginación, que genera cambios poderosos en la mente.

El secreto de ello es centrar tu visualización, tu imaginación en la sensación del deseo cumplido, y permanecer ahí, pues en nuestra capacidad de vivir en la sensación del deseo cumplido reside nuestra capacidad para vivir la vida más abundante y de éxito profesional.

Hay una diferencia entre pensar en lo que tu deseas lograr profesionalmente y pensar desde lo que tú quieres, cuando lo pongas en práctica te darás cuenta de lo maravilloso y extraño que es todo esto. Debes ahora empezar a pensar desde ello, desde lo que ya quieres obtener en la vida.

Recuerda tu eres el verdadero creador de tu realidad, lo que crees creas.

Debes empezar a pensar desde lo que tú quieres obtener para tu vida profesional.

Solo hay una vida, así que manifiesta lo que quieres para tu carrera desde hoy. Si quieres ser un Top Seller, pon programas mentales de riqueza, éxito y prosperidad en tu subconsciente, manifiesta en tu mente, visualiza, prográmate para vivir como si ya lo hubieras logrado, lo que experimentas en tu vida depende de lo que sucede dentro de ti, en tu mente subconsciente.

Tú puedes lograr tus objetivos profesionales, solo metiendo en tu subconsciente las estrategias metales correctas. De ahí que el hombre todo lo puede lograr, todo lo puede tener, todo lo puede hacer.

La visualización persistente, centrada en la sensación del deseo cumplido, es el secreto de la motivación exitosa.

Este es el medio de cumplir tu intensión, tu propósito, sean cuales sean las circunstancias, lo que obtienes en la vida depende exclusivamente de tus estrategias mentales, medita sobre esto y comenzaras a darte cuenta de que aquello que obtienes en la vida, depende de aquello que programaste en tu subconsciente. El problema es que lo que programas en tu mente depende de lo que otros te han enseñado.

Si quieres conseguir resultados diferentes en tu vida tendrás que hacer y aprender cosas diferentes, para eso tienes que cuidar mucho tu mente, sin importar en qué tipo de negocio estés, ahora tendrás éxito, porque ahora sabes cómo estar programado correctamente.

Siempre tendrás éxito, porque ahora sabes cómo estar programado correctamente.

Reprograma tu mente para el éxito

Si tomas acción en alguna de las cosas que estoy por explicarte, descubrirás como soltarte de aquello que te detiene y construirás tu camino al logro de tus objetivos profesionales.

Ahora sabemos que podemos reprogramarnos para el éxito, con la ayuda de la programación mental, y llegar a obtener la mentalidad de un vendedor triunfador.

Podemos realizar acciones positivas para mejorar nuestra propia vida y disfrutar del éxito profesional Este libro contiene las herramientas poderosas para tu programación mental hacia la obtención de éxito personal y profesional, si tomas acción y haces que llegue a tu subconsciente cambiaran tus programas mentales, tus creencias limitantes y tu futuro financiero.

¡Empecemos!

La programación mental, es un sistema de formación

La programación mental o lo que muchos llaman programación neurolingüística, es un sistema de formación para la modificación de conductas que nos permiten alcanzar el éxito profesional, requiere trabajo de nuestra parte y conocimiento,

El primer punto de partida para alcanzar el éxito profesional es la disposición a aprender y a cambiar, nuestro cerebro tiene lo que los especialistas llaman plasticidad, dependiendo de los estímulos y el trabajo que hacemos para ello, la plasticidad cerebral se refiere a la capacidad del sistema nervioso para cambiar su estructura y su funcionamiento a lo largo de su vida.

Esto se refiere a la capacidad adaptativa y la posibilidad de generar cambios, pero el cerebro también puede perder la plasticidad debido a nuestras creencias y actitudes, un cerebro con mayor plasticidad es más adaptativo y en consecuencia mucho más dinámico.

Si nuestro cerebro es anatómicamente flexible nuestras ideas no deben ser menos, al contrario cuando tenemos ideas que se adaptan a las circunstancias, pero no desde una visión conformista estamos ante las puertas de poder generar cambios y sacar el mejor provecho a cada momento de nuestra vida para poder alcanzar el éxito profesional.

Te reto a que elimines tu antigua manera de pensar y que renueves tus pensamientos, para que transformes tu carrera profesional en una historia de inspiración y éxito.

Porque entrenar tu mente?

Nosotros podemos crear nuestro futuro, solo tenemos que saber cómo.

De qué manera sucede esto?
Cuál es el camino para aflorar ese potencial que todas las personas tenemos?

Es básico entrenar la mente, la mente es algo de tal complejidad que es muy difícil definirla, y menos en un par de palabras.

Que es entrenar la mente?
Lo primero es entrenar tu atención.

No pierdas el tiempo enfocándote en lo que está mal, enfócate solo en aquello que puede estar bien, no se trata de quien es el culpable, sino que podemos hacer.
Debes utilizar la imaginación para dejar de generarte angustia y preocupación, de cómo será tu futuro laboral mañana y pasado, sino para generar posibilidades, algo que nos ilusione.

Tenemos que ser capaces de parar ese dialogo interno que te hace estallar la cabeza con desanimo y desilusión. Necesitas entrenarte en la reflexión, mirarte dentro, pero cuando hablamos de entrenar la mente te resulta extraño, si quieres aprender un deporte, si quieres aprender un nuevo idioma tienes que entrenarte, porque entonces no entrenar tu mente?

Necesitamos entrenarnos en fortaleza mental y fortaleza emocional, porque el mercado en el que estamos actualmente es complejo he incierto, pero una cosa es la complejidad y otra la desorientación, no podemos además estar desorientados.

Como nos orientamos?
A través del entrenamiento mental.

La creatividad es básica, todos los sabemos y porque es tan importante? Porque es la que te permite aprovechar las posibilidades que la realidad te ofrece para que crear un campo de juego que te abra nuevas oportunidades.

Pero que nos pasa?

Nos pasa que cuando pensamos en la creatividad pensamos que para ser creativos deberías haber pasado por la universidad, debes tener 5 masters etc. Y eso no es verdad, la creatividad está en cada uno de nosotros, no hay un solo ser humano que no pueda ser creativo, lo que ocurre es que muchos si creen que no son creativos, entonces no crean nada novedoso porque ellos no creen que en su interior exista ese potencial.

La clave para la creatividad es la pasión, tenemos que encontrar esa palanca emocional, ese motivo que nos levante por la mañana con ganas de hacer algo nuevo, por eso el estado de ánimo es clave, que creamos en nosotros y en nuestro potencial.

Tienes que buscar recursos emocionales

Si somos honestos con nosotros mismos y empezamos a pensar porque no hemos conseguido ciertas cosas en la vida, nos daremos cuenta de que la mayor parte de las veces no ha sido por falta de conocimiento, sino por falta de pasión, por falta de compromiso, determinación, confianza.

Que es buscar esos recursos emocionales?

Es buscar ese abanico de colores, ir a tu pasado y ver cuando en tu vida has tenido realmente coraje, y seguro encuentras uno o varios momentos en tu vida en que hayas sido valiente y audaz, tienes que traerlo al ahora, *tienes que recordar quién eres!*

Inventar el futuro

La forma en que creamos nuevas realidades es absurda, consultamos al pasado y pensamos que si antes no hemos podido hacer una cosa, ahora tampoco podremos.

Hay que crear esa idea que te apasiona, que nos ilusiona, y a partir del futuro empezar a construir tu presente, para llegar a tu presente ideal primero que tienes que hacer? Determina tus pasos a seguir, desarrolla tu plan, porque el pasado no tiene por qué predecir tu futuro, que no te determine.

Emociones aflictivas

Que son las emociones aflictivas?

Las emociones aflictivas son aquellas que no te dan nada valioso, por ejemplo el miedo que paraliza, te dejas paralizar por la desesperanza, por la ira, por el miedo. No tiene ningún sentido y necesitas empezar a saber cómo gestionar estas emociones aflictivas. Es importante conocer tus emociones aflictivas y controlarlas porque de lo contrario los tres grandes enemigos de tu futuro posible se harán con su control.

Que o quiénes son esos tres enemigos?

La ignorancia, si yo no soy consciente de mi potencial, nunca lo voy a atraer.

La pereza, cuantas veces el camino correcto no es el camino fácil? Pero por pereza ni empezamos?

El miedo, es uno de los paralizantes y emociones aflictivas más potentes.

Que podemos hacer para frenar el miedo?

Cuando el miedo se apodera de ti, tienes que gestionarlo desde lo físico, utilizando técnicas físicas, como las respiratorias, gestionando el diafragma porque es el que te cambia la química hormonal. Cambiando el foco de tu atención, el miedo se puede gestionar para que no nos paralice.

Durante mucho tiempo nos hemos pensado que el éxito profesional viene solo, hemos perdido la cultura del esfuerzo, nos gusta tanto la receta de lo rápido sin esfuerzo que la hemos comprado.

Cuando aguantamos la tensión y resistimos, automáticamente el cerebro abre la puerta de la inteligencia y la creatividad, y por eso todos sabemos que cuando hemos aguantado de verdad, de repente, no sabemos cómo, aparece esa ventana, hay que esforzarse, por eso la determinación y la paciencia son valores tan grandes.
No podemos decir esto sucede solo, no es verdad, necesitas esforzarte por aquello que vale la pena en tu vida.

Valores

Necesitamos urgentemente recuperar los valores, valores que están implícitos en la naturaleza humana, valores que como seres humanos nos perfeccionan: la generosidad, el coraje, la audacia, los valores son los que nos dan guía, en un momento en que el mercado vive una gran incertidumbre. La orientación siempre nos la darán nuestros valores.

Ojo con la sensación de impotencia, la situación actual del mundo es compleja, no lo vamos a negar, podemos meter la cabeza bajo tierra y no hacer nada, pero entre el no hacer nada y el uso de todo mi potencial hay una diferencia enorme. Podemos comprar el diagnostico de este mercado tan incierto pero no su veredicto, no dejar de intentar aquello en lo que creemos, tenemos demasiadas cosas que hacer antes de bajar los brazos, de tirar la toalla.

Que es lo que nos perdemos cuando escondemos la cabeza bajo tierra?

Nos perdemos lo mejor que puede emerger de nosotros como profesionales, aquello que surge cuando decimos con determinación "Ahora yo, ahora me toca a mí"

Porque cuando tu empiezas a creer que no sirve nada de lo que hagas, es cuando gana la desesperanza y ese es el drama de hoy, la sensación de impotencia que acompaña a la situación del mercado.

Así son las creencias limitantes que tienes, no puedes, no llegaras, no lo mereces, y no son más que creencias que tú mismo te impones y las vives como si fueran real. Pero si escuchas a tu maestro interior que te dice que si puedes, que lo vas a lograr, notaras paz, por eso es fundamental que prestes atención a la voz que si te ayuda.

La actitud

La actitud es como me posiciono yo ante una realidad. Esta demostrado medicamente que la actitud de una persona afecta a todos los niveles emocionales y corporales. La actitud afecta a las emociones, y mis emociones son procesos químicos. Como quieres posicionarte frente a una situación es tu decisión, no podemos estar esclavizados por programas mentales que nos alteran

Hemos de recuperar nuestra libertad, podemos decir esta situación no me gusta, esta situación es dura, no la quiero, no la habría elegido pero me ha tocado, que podemos hacer para resolver esa situación con potencia y energía?

En ese momento cuando yo utilizo mi libertad interior mi libertad creativa, salgo del dominio del programa mental limitante, ya no dependo únicamente de las circunstancias soy influido por las circunstancias, pero no soy determinado por ellas.

Desafíos

No puedo comenzar mi día pensando en cuantos problemas tengo hoy, la energía de pensar en los problemas es una energía que nos debilita, lo que tienes que hacer es pensar en desafíos. Cambiando la palabra problemas por desafíos, cambian tus emociones, dejemos de hablar de lo que está mal, y empecemos a hablar de lo que realmente queremos en la vida.

Pensemos con visión, una visión ancha, con entrenamiento de la mirada. Confiemos en nosotros, en la vida, en los demás.

Actuemos estratégicamente, con ilusión, ahora demos el primer paso, pongámonos en marcha, si realmente crees que puedes lo vas a lograr, juega con todas tus posibilidades y reinventa tu futuro.

Actualízate, estas herramientas hackearan tu mente.

Decide el éxito en tu mente, sueña en grande

Soñar es una capacidad extraordinaria, nosotros podemos visualizar aquello que queremos llegar a ser, y todo aquello que podemos lograr, sin embargo es necesario reflexionar para que seamos capaces de valorar aquello que somos, administrar bien aquello que tenemos en el presente y ser agradecidos, solo así sentiremos esa paz en nuestro corazón que nos dirige a ponerle alas a nuestra imaginación, es desde ese lugar que podemos pensar y soñar en grande.

Aunque el mundo que te rodea sea real, no operamos sobre esa realidad, sino que cada uno de nosotros construye su propia visión del mundo, en este sentido debes comenzar a plantearte que tienes la posibilidad de actuar sobre el mapa mental que tienes del mundo. Cuando logres cambiar tu mapa mental de las cosas, podrás conseguir resultados más eficaces.

"Si lo puedes soñar, lo puedes lograr"
Walt Disney

Nunca alcanzaremos lo que no hayamos visto primero con nuestra imaginación, existe una diferencia importante entre soñar y fantasear.

Soñar, es anhelar con persistencia una cosa, mientras que fantasear es simplemente darle rienda suelta a la imaginación, cuando anhelamos algo con fervor tenemos que hacer un plan de acción para conseguirlo, porque de lo contrario solo estaremos fantaseando, quien fantasea siempre esta imaginando si tuviera o lograría tal o cual cosa, pero en su interior, no cree que lo pueda lograr, tampoco está dispuesto a pagar el precio y por eso ni se esfuerza en pensar una forma de conseguirlo, así se queda viviendo toda la vida en un mundo irreal, viendo sus anhelos solo en su imaginación y nunca alcanza nada porque no organiza la acción adecuada para conseguir conquistar su objetivo.

Soñar en grande es acción y pasión, fantasear es dormir y despertar en el mismo lugar.

Decídete a triunfar y deja ya de culpar a factores externos

Si nos distraemos pensando solo en los problemas, la mente se distrae y mirándolos y deja de ver posibles soluciones.

Nunca nada es personal, y la culpa nunca es de lo externo, no olvidemos que si nos distraemos pensando solo en los problemas, la mente se distrae y mirándolos y deja de ver posibles soluciones, por tanto es menester que siempre nos enfoquemos en soluciones y buenas actitudes, nuestras acciones siguen los pasos de las cosas en que nos enfocamos, por lo tanto hablemos aceptar responsabilidad en lugar de emplear la palabra culpa, cuando aceptamos humildemente nuestras equivocaciones nos mantenemos libres de orgullo y soberbia porque estamos conscientes de que no somos perfectos.

Para llegar a triunfar necesitamos admitir cuando nos hemos equivocado y de esta manera poder superarnos día a día en lugar de responsabilizar a otros. Enfrentemos los problemas y asumamos responsabilidad.

Decide tu prosperidad, maneja diversas opciones.

Cuando una persona tiene mayores opciones para tomar una decisión sus posibilidades de éxito se amplían, es por eso por lo que cuando estés frente al desarrollo de un plan debes incorporar la mayor cantidad de opciones para decidir cuál es la manera en que puedes alcanzar los objetivos que te has planteado.

Las mentes flexibles saben que no hay un solo camino para alcanzar el éxito profesional, muchas veces la que parece más fácil no es la más adecuada.

La idea es que puedas ver cuál de todas las ideas que tienes frente a la mesa te aporta más beneficios, en nuestra propia naturaleza están los talentos que pueden ayudarnos a alcanzar el éxito, lo importante es saber aprovechar los recursos con los que ya contamos.

Decide crear, eres el creador de tus experiencias

Eres el creador de tu destino, eso es un hecho concreto.
Tu creas el ambiente a tu alrededor y los efectos que eso produce.

Cuando estas molesto todo tu entorno se vuelve hostil, cuando vas a un determinado lugar tú decides qué camino tomar, eso decide tus experiencias, no vas a vivir lo mismo si decides tomar el metro o caminar, la decisión te hará vivir las cosas de manera distinta, aunque tengas en mente el mismo destino.
Procura entonces que tu transito al objetivo que te planteas sea gratificante.

Decide perseverar, trabaja todos los días.

El éxito es un edificio que se construye bloque a bloque, cada día debes aportar algo, no dejes un solo día de aportar algo a la construcción de tu éxito, eso no quiere decir que te hagas esclavo de tu proyecto o tus objetivos, sino que sepas que cualquier cosa en tu entorno por simple que sea puede ayudarte a crecer y alcanzar todo lo que te propones.

La mente inconsciente es tan poderosa que puede obligar a perder todo el dinero que ha generado, porque así nos han programados desde niños.

Esto tú lo puedes ver en las personas que trabajan durante toda su vida y jamás llegan ver el éxito económico que han estado buscando, tiene empleo, ganan dinero, y así como lo ganan lo pierden una y otra vez.

Sabiendo esto, estructura un plan de acción para los objetivos profesionales que quieras lograr en tu vida

Actualiza tu mente cada día con más conocimientos, y con la programación mental adecuada.

Los triunfadores no esperan, comienzan hoy.

Nuestra mente esta codificada para atraer o alejar el dinero, no solo es posible reprogramar tu mente para el éxito sino que existe evidencia científica que demuestra que quienes logran hacer dinero de verdad, aprendieron a internalizar sus propios hábitos diarios que mantienen a su mente con la programación correcta para consolidar su éxito.

Como entrenar tu mente?

*Tanto si crees que puedes lograrlo
como si no, tienes razón. Henry Ford*

Este pensamiento demuestra que somos lo que pensamos, por ello es esencial aprender a programar nuestra mente, a través de las palabras, por ello es vital prestar atención a lo que decimos. Las palabras nunca son inocentes.

Para conseguirlo debemos trabajar en nuestro pensamiento, si quieres utilizar el poder de la mente para lograr tu éxito tendrás que programar tu cerebro para eso.

Debes saber que en el subconsciente las palabras inteligentes son claves para lograr el éxito, aquí tienes los 10 ejercicios mentales que debes realizar diariamente:

1.-Imagina lo que quieres lograr y defínelo claramente.
Si lo puedes imaginar, puede existir.

Muchas veces no somos conscientes de nuestros pensamientos, por eso es necesario pensar en aquello que queremos.

2.- Repite afirmaciones positivas.
Declaramos al mundo nuestras intenciones con declaraciones, afirma declarando -estoy logrando mis objetivos, estoy logrando mis ventas y vivo agradecido por ello, siente la emoción del agradecimiento como si ya lo hubieras logrado.
Acostúmbrate a agradecer por lo menos por 10 cosas que tienes en tu vida, ya sean en lo material o en lo personal y en ese estado de agradecimiento visualiza aquello que quieres obtener.
Si educas tu mente hacia los pensamientos positivos, tus declaraciones también lo serán.

3.-Permanece consciente.
Repetimos las mismas historias, y nos olvidamos del aquí y ahora, por eso necesitas permanecer consiente en este momento, ahora, esto te ayudara a ver lo que has logrado y te inspirara

4.- Escucha audios y videos de desarrollo personal
Te harán hablar y pensar de la misma forma.

5.- Despeja tu mente.

Simplemente sentarse en silencio, escuchar la naturaleza, hacer meditación, a veces las buenas ideas y la inspiración llegan en los mejores momentos de silencio.

6.-Cambia tu vocabulario

Es difícil creer que en español existan tantas palabras negativas para expresarnos, las palabras positivas tienen un poder muy grande y las tienes que utilizar si quieres lograr tus objetivos, recuerda que eres esclavo de tus palabras.

7.- Alinéate con tus valores personales

Si tienes la creencia de que ganar dinero es malo, nunca podrás llegar a tus objetivos, no hay nada malo en generar mucho dinero, por eso tienes que adaptar tus valores personales a tus objetivos.

8.- Modela tu conducta a partir de la de una persona exitosa

Como te gustaría ser si fueras un vendedor exitoso? Qué harías? Como te comportarías? Entonces, actúa como tal.

9.- Vive tu vida con un propósito.

Si permaneces en gratitud el éxito comenzara a seguirte, descubre tu pasión y vívela al máximo, sin olvidar agradecer por cada cosa que vas alcanzando.

10.- Ponte en primer lugar

Acepta y disfruta tu vida, si te respetas a ti mismo los demás te respetaran, si programas tu mente para el éxito, el éxito llegara

El arte de la realización

Olvídate de las historias que te cuenta tu voz interior, estar con las personas correctas en el momento correcto es lo ideal, pero no siempre es posible, hay malos días, debes aprender a entrenar tu mente para estar en ese estado ideal, donde lo mejor de ti mismo sale por si solo para brindarte a los que te rodean, para tu misión, para tu objetivo profesional. Esa es una de las decisiones más importantes en la carrera de todo profesional, todos tienen metas diferentes, algunos quieren destacar, otros quieren ganar mucho dinero, lo que sea que cada persona quiera para sí mismo, pero para lograr esa meta necesitas dos habilidades, la primera la ciencia del logro, y la segunda es aprender a llevar tu visión a la realidad. Todos tenemos habilidades, pero pocos profesionales saben llevar a la realidad su visión.

Tienes que obsesionarte por tu visión, tu objetivo profesional como meta.
Comprime el tiempo, tienes que volverlo efectivo, para ser tu un profesional efectivo.

Tienes que estar centrado en tu objetivo y trabajar duro para llegar a tener una carrera extraordinaria

Debes cuidar tu cuerpo, si trabajas en tu cuerpo tendrás toneladas de energía.

Encontrar éxito sin satisfacción es fracasar, hay personas que obtienen logros pero no se sienten realizados, su vida profesional no tiene significado, lograron metas pero solo saben sufrir, sufres cuando solo te centras en ti mismo.

Nunca sabes que pasara, pero es en ese momento donde debes aprender a disfrutar el camino, debes aprender a tomar decisiones para aprender a vivir en un buen estado consiente, y no significa que no te enojaras o que no tendrás malos días, simplemente significa que debes aprender a identificar el sufrimiento en el momento en que llega y sobrellevarlo, el sufrimiento siempre estará, la mente humana siempre busca lo que está mal, el cerebro está diseñado para sobrevivir, ser feliz es trabajo nuestro y tener una mentalidad abierta nos traerá buenas ideas, esto te mantendrá vivo y emocionado.

Somos seres emocionales y las decisiones que determinan nuestro futuro, siempre están tomadas en base a nuestros estados emocionales y mentales.

Cuáles son esas fuerzas que dominan nuestra mente y definen nuestro destino?

Primera fuerza: Las creencias globales

Las creencias globales son aquellas que sostienen nuestras creencias menores y nuestros valores, todos las tenemos, las mismas expanden nuestra visión del mundo y nos impulsan hacia el progreso o nos detienen a una vida mediocre.

Hay personas que creen que la vida es una batalla que ganar y otras que la vida esta para conquistarla y conquistarte a ti mismo. Para algunas personas la vida es una aventura, para otros se trata de amar, disfrutar, vivir el momento.

Nuestras creencias globales determinan nuestros estados emocionales que nos llevan a tomar diferentes decisiones.

Actuará diferente una persona que cree que la vida es una batalla que ganar, de aquella que cree que la vida es una aventura?

Actuará diferente un vendedor que cree que el éxito está limitado a unos pocos, de otro que cree que el éxito en el mundo se expande y está al alcance de la mano?

El primero seguramente pensará que el éxito de otro significará menos éxito para él, mientras que el segundo se contentará con el éxito de otros y no se sentirá amenazado.

Cuáles son tus creencias globales? Crees que tienes que cambiarlas? Si es un sí, hazlo, y esta fuerza actuara en tu favor.

Segunda fuerza: La autoimagen.

El subconsciente es una parte muy poderosa de la mente, y trabajar para llevar a la realidad aquello que tú crees que es verdad, si crees que eres un perdedor o no merecedor del éxito, porque así durante años te lo han hecho creer, tu subconsciente estará trabajando día y noche en demostrar lo perdedor que eres.

Si por el contrario crees que todo lo puedes aprender, tu subconsciente trabajara en esa verdad, si crees que eres una persona de valor el subconsciente trabajara en ello.

Tu subconsciente trabaja para ti todo el tiempo, solo necesitas darle las ordenes correctas o terminaras en aprietos.

Tercera fuerza: Tu pregunta principal.

Todos tenemos una pregunta que nos hacemos constantemente a nivel subconsciente.
Soy lo suficientemente bueno? Tengo lo que se necesita? Que piensa el otro de mí? Que puedo hacer para caerle bien a ...?

Esas preguntas llevan a ser un profesional que siempre busca complacer a los demás, y que no quiere confrontar. El problema de este tipo de preguntas es que pone la responsabilidad en el otro, ser aceptado, ser el mejor, necesitamos movernos a otro tipo de preguntas que si dependa de nosotros, por ejemplo que aprendizaje puedo ver en esta situación?
Es importante replantearnos nuestras preguntas interiores, tus preguntas internas deben depender de ti y nunca de otros. Reescríbelas.

Cuarta fuerza que domina tu mente: Tus reglas

Nosotros llegamos a diferentes estados emocionales debido a reglas que tenemos integradas en nuestro subconsciente, que tiene que pasar para que te sientas feliz? Para que te sientas molesto? Decepcionado?

Al responderlas te darás cuenta si te estas poniendo reglas muy difíciles de conseguir y que dependen de otros, por ejemplo me siento feliz cuando mi jefe reconoce mi trabajo, en este caso las reglas que te has colocado para alcanzar la felicidad dependen de otro, por eso casi nunca te sientes feliz.

Por el contrario para las emociones negativas, las reglas que te impones son fáciles de cumplir, por ejemplo me siento decepcionado cuando mi compañero de trabajo no hace lo que yo espero, por eso es tan fácil sentir emociones como la frustración, rabia etc.

Qué tal si cambias tus reglas? Qué tal si pones reglas que dependan de ti? Y que sean sumamente fáciles de cumplir para las emociones positivas?

Quinta fuerza: Los pensamientos limitantes

Una persona que piensa que es malo ganar mucho dinero, o que lo correcto es vivir solo con lo necesario ha desarrollado un pensamiento limitante que nunca le dejara vivir el éxito profesional. Y cuando gane un buen dinero su subconsciente no lo considerara apropiado y generara en el profesional sentimientos que le llevaran a tomar acciones que harán que pierda el dinero.

Igualmente sufrirán similares situaciones aquellos profesionales que piensen yo no soy bueno, yo no soy suficiente, "yo no puedo, yo no tengo tiempo" todos estos son pensamientos limitantes que funcionan en tu vida como anclas que no te permiten pensar con claridad, y lo peor es que los pensamientos limitantes condicionan tu vida profesional, deja de creerlas y busca tu verdad.

El éxito será inevitable

Si quieres que tu vida profesional mejore, primero tienes que cambiar tu mentalidad.

Somos nuestras creencias y no podemos forzar las cosas externas para convertirlas en lo que uno no es, Pero concuerdan tus creencias con tus deseos?

Para ser el mejor el cambio es inevitable.

Es una paradoja, pero los profesionales que más necesitan cambiar son los más reacios al cambio, quizás piensan que cambiar sus opiniones sea un síntoma de debilidad, a la vez se sienten incomodas cuando ven que es su propia inflexibilidad lo que los separa de lo que desean, el cambio es inevitable, cambia tu vida y aprende a hacer esos cambios que tanto necesitas.

Aprende a hacer esos cambios que tanto necesitas.

Atrévete a soñar y luchar por tus objetivos, no necesitas dones especiales, puedes alcanzar tu éxito, solo necesitas saber que mereces el éxito!

Tienes todos las capacidades para alcanzarlo si te lo propones, el éxito es un proceso, un camino y todos los caminos están colmados de obstáculos, tú lo sabes mejor que nadie, no será fácil, pero con un plan de acción será todo más sencillo.

Paso uno: Cree en ti mismo.

Si te permites dudar de tu potencial, te estarás cerrando tú mismo las puertas al éxito. Creer en ti mismo es un camino por recorrer, tomate un momento en el día, haz una pausa en el trabajo y repite varias veces al día la siguiente afirmación:

Creo en mí mismo!
Creo que soy capaz de alanzar el Éxito profesional!
Creo que puedo mejorar mi situación.
Voy a transformar mi carrera!
Voy a lograr el éxito que me merezco!
Voy a salir adelante!

Repítelas muchas veces, todos los días, repítelas antes de ir a dormir, y por la mañana, no importa el orden, ni siquiera tus propios sentimientos te bloqueen al hacer estos ejercicios mentales, no piense que es algo ficticio, seguramente te preguntaras, el éxito se consigue repitiendo estas frases? Qué sentido tiene?

No es solo repetir las frases, es hacerlo pero con convencimiento de que puedes lograrlo, recuerda la incapacidad de una persona para transformar su vida no tiene que ver con falta de capacidad para hacerlo, sino con la falta de confianza en sí mismo.

El repetir las frases es como desandar el camino de negatividad que estabas siguiendo hasta ahora, es reencontrarte contigo nuevamente para volver a darle a tu vida el rumbo que alguna vez tuvo o soñaste, en definitiva un día te levantaras, te miraras al espejo y te darás cuenta de que te has transformado en una persona nueva, que a pesar de todo lo que le tocó vivir aprendió a creer en sí mismo.

Paso dos: No temer al fracaso

Te atemoriza la idea de fracasar?
El fracaso es una oportunidad que nos regala la vida para saber en qué hemos fallado, para aprender de nuestros errores, cuando implantes en su mente que el fracaso no es posible, sentirá que el éxito esta solo a unos pasos, pues te sentirás con la energía suficiente para avanzar sin detenerte hasta conseguir lo que te propones y si fallas, no tendrás reparos en volverlo a intentar, en buscar nuevos conocimientos, ideas, aprenderás continuamente, cada día que pase será más y más fuerte, cada cosa que te pase te acercara más al objetivo, comprenderá que el éxito es su único destino.

El éxito es tu único destino.

Paso tres: Toma una decisión.

En algún momento tendrás que elegir seguridad o libertad.

Las personas que buscan seguridad pierden libertad, escojas lo que escojas siempre pagaras un precio.

Tu objetivo nunca debería ser un camino fácil, no conozco modos fáciles de ganar dinero, si eliges libertad cometerás errores, los errores son necesarios para el éxito, renunciar a los errores es renunciar al éxito, las personas exitosas comenten errores, es preferible equivocarse en lo que te gusta que acertar en lo que no quieres hacer.

Las personas que evitan los errores evitan llegar al éxito, de los errores se aprende a hacer las cosas bien.

Paso cuatro: Piensa en grande.

Llevas tanto tiempo pensando en pequeño que pensar en grande parece un atrevimiento, o piensas en pequeño o piensas en grande, no hay alternativa. Pensar en mediano no es grande, dicen que mediano es lo que sigue a pequeño. O eres un vendedor de los grandes, o no lo eres.

Si estas leyendo este libro, es porque sientes que es tu momento de ser grande, de lo contrario no lo harías.

Paso cinco: Actúa y el éxito vendrá hacia ti!

La acción es el puente de la intensión con la manifestación, lo invisible y lo visible. Lo visible nace y se gesta en lo invisible.

Toma acción y obtendrás resultados, las ideas necesitan acción no intensiones, hay que dar un primer paso, haz algo ahora mismo y continúa haciéndolo cada día, un paso cada día suma 365 pasos al final del año, toda una travesía, asegúrate de que cada día estés haciendo algo para llegar al éxito que te mereces

Transforma tu éxito en una realidad.

Es fantástico soñar con que tu éxito profesional es una realidad, pero que estás haciendo para que eso suceda?

El deseo es el primer paso para conseguir algo, el más importante es el actuar sobre ello, el plantearnos un plan de pasos sencillos que hará todo más fácil, ya que podrás probarte a ti mismo en poco tiempo que tan lejos eres capaz de llegar y te permitirá tener el control sobre tu vida y tomar decisiones acertadas.

Lo habías pensado antes? Creer y crear tienen solo una vocal de diferencia y está en tus manos lograrlo. No lo dudes, naciste para el éxito y te lo mereces.

¡Tu destino es el éxito!

Conclusión

Está claro que el mundo de las ventas avanza y cambia a pasos agigantados, pero hacia dónde?
El cliente compra cada vez más por internet, los puntos de venta donde el cliente se sirve a si mismo son cada vez más frecuentes, y las nuevas tecnologías se abren paso en un mundo más mecanizado, digitalizado y casi impersonal.

Cuáles serán las profesiones del futuro? aquellas en las que un ser humano no pueda ser reemplazado por una máquina.
Los trabajos automatizados, repetitivos y carentes de emoción pueden ser suplantados a la perfección por la tecnología. Pero que ocurrirá cuando necesitemos ser escuchados por alguien? Que ocurrirá cuando tengamos la necesidad de sentirnos acompañados? Habrá maquinas capaces de sustituir a las personas para esos quehaceres? Bueno hay ya algunos intentos, pero no son comparables.

De ahí que el trabajo de vendedor siga siendo insustituible, nada podrá copiar vuestra mirada, ni la empatía, ni el asesoramiento de quien quiere ayudar a los demás, ni la sonrisa que nos hace sentir conectados con el otro.

Espero y deseo que quieras ser insustituible, que des tu mejor versión, esa que demuestra que nadie podrá ocupar tu lugar.

Toma conciencia de la importancia de tu cargo, de tu responsabilidad y de lo que representas, esto que te ocurre hoy también fue tu elección.

Deseo que dejes de estar en la queja, en el lamento del pobre de mí, y en el creer que todo lo que ocurre es culpa del otro.

Despierta de la pereza, de la apatía y de creer que son las circunstancias de tu vida las que te hacer ser. Eres más que eso, pero deberás entrenar tu mente y cambiar tu forma de ver las cosas.

Vender y emprender son actividades difíciles, duras y que requieren de una gran implicación emocional, pero también son extraordinariamente estimulantes y enriquecedoras.

Para mí es un mundo apasionante, y por eso me dedico a él desde hace veinte años. En todo este tiempo he trabajado con miles de vendedores y emprendedores, algunos llenos de ilusión y otros desanimados y apáticos, especialmente por las dificultades para para llevar adelante sus proyectos y por los cambios constantes en el mercado y el perfil del consumidor.

En este contexto, es más necesario que nunca que los comerciales y todos aquellos que se dedican a vender y venderse, conozcan la forma de gestionar adecuadamente sus emociones y puedan entrenar su mente. Porque en el mundo de la venta y el emprendimiento hay vaivenes emocionales continuos, momentos de rabia y momentos de euforia, momentos de decepción y momentos de expectativa ilusionada.

Todos estos momentos requieren una gestión adecuada para evitar entrar en un bucle negativo que nos arrastre.

Si descuidas tu motivación tus clientes y potenciales clientes lo notaran y venderás menos y eso hará que estés todavía más desmotivado y que vendas todavía menos. Y luego es muy difícil salir de una situación así. Por tanto, debes trabajar tu motivación con todas las herramientas que te sean posibles.

Recuerda que hay tres formas básicas de trabajar la motivación:

Incidir sobre tus deseos, ya sea apostando por deseos nuevos o los antiguos.
Dar el máximo valor a tus objetivos profesionales.
Añadir elementos facilitadores que nos permitan llegar a lo que deseamos, como el entrenamiento mental.
Pero también es muy importante que te olvides de ser perfeccionista, trabaja para ser el mejor, pero no quieras ser perfecto.
Mantén posturas de alegría y optimismo, para que tu cerebro interprete el mensaje de cómo quieres sentirte.
Da el máximo sin pensar en el resultado, la única variable que controlas es tu esfuerzo.
Diseña el éxito a tu medida.
Trabaja tu autoestima
Practica el autocontrol
Practica ejercicio físico
Valora lo que tienes, se agradecido, da las gracias por lo que posees.
No necesito decirte que entrenar tu mente y trabajar tu motivación es algo personal, pero cuando los demás ven en ti los resultados, te aseguro que se contagian las ganas.

Los profesionales de éxito marcan el camino a seguir, crean tendencia, tienen su propio estilo.

Nada cambia si hoy no hacemos nada para que así sea.

La gran complicación con la que nos encontramos los humanos a la hora de aplicar ideas son los hábitos que ya tenemos adquiridos y que cuesta mucho cambiar. Todos tenemos nuestra zona de confort, donde estamos cómodos. Al intentar hacer cosas diferentes, el cerebro suele decirnos "Déjalo no vale la pena" es una guerra interna que todos libramos y esa guerra interior acaba con una decisión, la tuya.

Trabajar para ser los mejores, es nuestra decisión.

Y hasta aquí hemos llegado en este viaje por la motivación y las ventas. Ha sido un placer dirigirme a ti en este segundo libro, espero que te haya resultado útil lo que te he explicado.

Nada me satisface más que compartir mi experiencia y mi forma de trabajar, y que pueda ser de utilidad para los demás.

Barcelona, marzo 2020

Tu opinión es importante.

Estaremos encantados de recibir tus comentarios en:

salestalentcontacto@gmail.com

www.salestalentacademyweb.com

O visitarnos en las redes sociales

Otros títulos de la misma autora

Retail Coaching para tiendas de Éxito!
Descubre los factores claves para lograr el cambio en las ventas.
Daniela Fiori Lehr

Aprende a vender por Internet.
Como vender por WhatsApp, Facebook, Instagram, Pinterest y Chat Marketing.
Daniela Fiori Lehr

Storytelling: ¿Cómo contar buenas historias para vender?
Aprende las claves del Storytelling, cautiva a tu audiencia y genera más ventas.
Daniela Fiori Lehr